GUTE WÜNSCHE
Gereimte Texte für Feste und Feiern von
Michael Fuhrmann

AF200526

GUTE WÜNSCHE

Gereimte Texte

für Feste und Feiern von

Michael Fuhrmann

Impressum:
© 2023 Michael Fuhrmann
Herstellung und Verlag:
BoD – Books on Demand, Norderstedt
ISBN: 9783750413740
Bibliographische Information der Deutschen Nationalbibliothek

ZUR EINLEITUNG

Zuvor ein Wort in eigner Sache:
Beim Reimen, so wie ich das mache,
sei an Herrn Goethe wohl gedacht,
der zum Gereimten dieses sagt:
>Wer Prosa spricht, muss schon was sagen.
Doch braucht der nicht danach zu fragen,
der Reime schmiedet, wie's beliebt,
wo stets ein Wort das andere gibt.
Heraus kommt dann so dies und das,
was aussieht so, als wär's schon was<.

Mit dieser Ermahnung des Ur-Vaters gereimter Verse begrüße ich Sie in meinem neuen Reime-Buch. Ich wünsche Ihnen und mir, dass Sie Gefallen daran finden, darin zu blättern und zu lesen.

In vier Kapiteln finden Sie unterschiedliche Zugänge und Gründe, warum und wozu die Verse entstanden sind. Zunächst und vor allem aus Freude am Spiel mit Worten. Dann aber auch aus ganz praktischen Gründen.

Beispielsweise wenn ein Fest, eine Feier oder ein Jubiläum anstand. Freunde und Bekannte drängten: Eine Laudatio musste her. Wer mag sich da entziehen, vor allem wenn es heißt, Lob und Ehren zu verteilen. Im ersten Kapitel sind dazu viele Gelegenheiten beschrieben.

Die Texte des zweiten Kapitels sind als Beigabe zu Geschenken gedacht. Besonders dann, wenn ein Geschenk einer Erklärung bedarf, kann die gereimte Beigabe alles ins rechte Licht rücken und die Freude bei allen Beteiligten vergrößern.

Im dritten Kapitel ist der Reimer unterwegs zu sehr verschiedenen Orten. Es macht wirklich Spaß, auch dort gereimte Spuren zu hinterlassen. Ich möchte jedem Reisenden empfehlen, es auch einmal zu versuchen.

Am Schluss des Buches ist dann noch zu lesen, was mich in nachdenklichen Zeiten bewegt hat. Es würde mich freuen, wenn Sie mich auch bei diesen Gedanken begleiten.

Ganz zuletzt wünsche ich allen Leserinnen und Lesern eine vergnügliche Begegnung mit meinen gereimten Texten. Selbstverständlich ist Ihnen unbenommen, für den Eigenbedarf Proben zu entnehmen. Ein Wiedersehen macht Freude.

Michael Fuhrmann

1. KAPITEL

Feste und Feiern
mit lieben Menschen

Bänkelsong

zur Sonderführung durch
die ehemalige Zisterzienser-
Abtei Kloster Schöntal

Im Tal der Jagst in alter Zeit
da machten Mönche sich für Gott bereit.
Sie gründeten im schönen Tal
ein Zisterzienserkloster allzumal.

Die Zeiten waren wild und schwer,
denn bald schon hatte man kein Geld nicht mehr.
Die Schulden drückten allzu hart.
Das Kloster hatte einen schweren Start.

Der Bauernkrieg, der tobt ums Haus.
Um fünfzehn-fünfundzwanzig war's ein Graus.
Das Kloster wurde arg bedrängt.
Und manchem wurde auch der Hintern
angesengt.

Zu dieser Zeit, ihr wisst es gut,
da hatten auch die Berlichinger guten Mut.
Der Götz mit seiner eisernen Hand,
der kämpfte tapfer hier um's Kloster und im Land.

Ein edler Ritter, deutsch und barsch.
Wir kennen seinen Spruch:
Ach leck mich doch im Arsch!
Der Goethe macht ein Schauspiel draus.
Und in Jagsthausen klatscht dabei das ganze Haus.

Des Götzens Grabmal, edel schön,
im Kloster-Kreuzgang ist es anzusehn.
Vieltausendfach kommt man daher,
dem Fehde-Ritter Götz gilt heut' noch alle Ehr.

Und später dann zur Knittel-Zeit,
da war der Benedikt zu großem Tun bereit.
>Barock< war seine große Lust.
Und wie man's macht,
das hat der Knittel gut gewusst.
Das Treppenhaus, der Ordenssaal,
und in der Kirche Bilder ohne Zahl.
Barocke Pracht wohin man blickt.
Und auch die Verse hat der Knittel selbst gestrickt.

Heut' ist nun Schöntal Bildungshaus.
Und kluge Leute gehen ein und aus.
Sie alle sind mit mir bereit
sich zu erinnern an die alte Zeit.

Denn Schöntal ist es wirklich wert,
dass man das Kloster löblich ehrt.
So sei gelobt: >In Veritas
Speziosa Vallis, Deo Gratias!<

Hochzeit von Karlheinz und Monika

Mein hochverehrtes Publiko,
vernehmet die Laudatio
auf dieses Paar, das ohne Bangen
heut' ist die Ehe eingegangen.

Von alters her ist es der Brauch,
und diese beiden wollten's auch
das, was man Liebe nennt, erstreben.
Nun denn, wir werden es erleben.

Sie sehen mich zunächst noch zaudern.
Soll ich mal aus der Schule plaudern?
Soll ich nach vielen Jahren Ehe
jetzt sagen, wie ich das so sehe?

Das werde ich mir nicht erlauben.
Sie würden es mir doch nicht glauben.
Aus diesem Grunde, siehe oben,
will ich das Paar jetzt kräftig loben.

Zuerst die Frau, die Monika.
Ganz lieb und artig sitzt sie da.
Mit zartem Lächeln, sanften Tönen,
wird sie ihn jeden Tag verwöhnen.

Mit unnachahmlich süßem Charme
hält sie sich ihren Karlheinz warm.
Darin ist sie ein Grande-Genie.
Mit einem Wort: Sie weiß halt wie.

Dazu kann sie noch darauf pochen,
ganz exquisit und gut zu kochen.
Bei ihrer Kochkunst darf man sagen:
Die Liebe geht halt durch den Magen.

Sie finden mich auch gern bereit,
zu loben ihre Handarbeit.
Sie ist dabei im wahrsten Sinn
sogar ne' echte Lehrerin.

Karlheinz hat also ungelogen
mit ihr das große Los gezogen.
Doch nun zum Mann, der Schöpfung Krone,
denn der Karlheinz ist auch nicht ohne.

Nach diesem gut gebauten Recken
tät' manche sich die Finger lecken.
Nur wer ihn oberflächlich kennt,
benutzt das böse Wort >Student<.

Denn er ist nicht nur lieb und brav,
er ist sogar ein Typograph.
So hat er zäh und unverdrossen
schon eine Lehre abgeschlossen.
Und dass ihn keiner je verhöhnt:
Mit Prädikat und preisgekrönt.
Darum ist ganz gewiss zu loben,
wenn er den steilen Weg nach oben
riskiert, ganz ohne zieren.
Man darf ihm dazu gratulieren.

So ist es also sonnenklar:
Wir haben hier ein Musterpaar,
das frischgebacken und vereint
uns haushoch überlegen scheint.

Ihr Himmel hängt heut voller Geigen,
doch wird es sich in Kürze zeigen,
ob sie auch darauf spielen können.
Es wäre ihnen ja zu gönnen!

Uns hat das Leben über Nacht
die Flötentöne beigebracht.
Doch ob mit Flöte oder Geigen,
eins macht vor allem euch zu eigen:

Spielt eures Lebens Melodie,
wenn's möglich ist, in Harmonie!

Peter feiert seinen 85. Geburtstag

Mein hoch verehrtes Publikum,
es geht im Volk die Sage um,
dass unser Peter zum Feste lädt,
im hohen Alter, doch nicht zu spät
lädt er sich seine Gäste ein.
Treffpunkt ist diesmal >Markelsheim<,
ein Weinort mitten in den Reben.
Hier feiern wir sein langes Leben.

Mit fünfundachtzig Lebensjahren
ist unser Peter sehr erfahren.
>Erfahren< meint wenn man's versteht,
dass alles sich um's Auto dreht.
Das Autofahren war sein Leben.
Da hat er tüchtig Gas gegeben.
Als Meister, technisch obenauf,
gestaltet er den Autokauf
in seinem eigenen Autohaus,
und lebt dabei in Saus und Braus.

Die Jahre gehen fröhlich hin.
Peter hat auch noch Weiteres im Sinn.
Er schaut auf seine Möglichkeiten,
entdeckt bei sich noch andere Seiten.
Zum Beispiel seine Körperkraft.
Der Mann steht schließlich hoch im Saft.
Da kommt die DJK grad richtig.
Die Sportlichkeit wird ihm nun wichtig.
Peter trainiert sich seine Waden,
ein Mannsbild wie von Gottes Gnaden.

Doch damit längst noch nicht genug.
Das Leben dehnt sich Zug um Zug
bis Peter deutlich klar erkennt
sein musikalisches Talent.
Nun greift er mutig in die Tasten,
hängt um die Schultern sich den Kasten
und spielt mit Schwung und mit Trara
im Kessachtal Harmonika.

Man schaut sich um und staunt nicht schlecht.
Der Mann ist gut. Der Mann ist recht.
Der kann mit 85 Lenzen
noch fast wie neugeboren glänzen.
So soll es uns auch nicht genieren
ihm herzerfreut zu gratulieren.
Wir wünschen Glück und Freud' und Segen,
für heute und auf allen Wegen.
Das Leben soll dir Freude bringen.
Das wollen wir dir jetzt noch singen:

Viel Glück und viel Segen
auf all deinen Wegen.
Gesundheit und Frohsinn
sei auch mit dabei.

Sternstunde für
Elisabeth

Wenn der Mond im siebten Hause steht,
und Jupiter auf Mars zugeht,
herrscht Friede unter den Planeten
lenkt Liebe ihre Bahn.
Genau ab dann regiert die Erde der
Wassermann.

Mit diesem Lied aus dem Musical >Hair<
begrüßen wir unsere Elisabeth.
Zu ihrer Ehre und zur Freude aller
Mitfeiernden.

Sie hängt nicht an Besitz und Geld.
Grob-Stoffliches ist nicht ihr Feld.
Sie möchte über allem schweben.
Geistig-beflügelt will sie leben,
großzügig leicht, so gut sie's kann
als weiblich echter Wassermann.
Frei sein von allem, was bedrängt
moral-verklebt den Tag verengt;
über den Konventionen wandern,
sich unterscheiden von den Andern,
originell und nicht kopiert,
mit einem Wort: emanzipiert,
so stellt Elisabeth sich dar,
wassermann-fraulich – wunderbar!

Ein kluges Kind, ich sag' es gerne
und blicke dabei in die Sterne,
die Lisa's Lebensplanung deuten.
Wir sehen Lisa unter Leuten,
die nach dem Sinn des Lebens fragen,
bedenkenswerte Worte sagen.

Ihr Ziel heißt >helfen, orientieren,
die Menschen zu sich selbst hinführen,
und christlich auch zum Nächsten hin<.

Darin sieht Lisa ihren Sinn.
Im Bildungswerk hat sie die Leitung,
und ständig steht es in der Zeitung
wieviel in Kursen, Seminaren
sich Menschen dort um Lisa scharen.
Speziell die Frauen obenan
sind von der Lisa angetan.
Befreiung, Emanzipation.
Da trifft sie stets den guten Ton.

Auch im Bereich von Liebesdingen
muss ich jetzt hohe Töne singen,
denn sternbildlich im Wassermann
reicht niemand an die Lisa ran.

Empfindsamkeit, Gefühl und Lust
schwelgt in der Wassermännin Brust,
gepaart mit heißer Sinnlichkeit
ist sie zum Höhenflug bereit.

Sie pflegt den Traum vom großen Glück.
Wenn sie mal schwärmt, gibt's kein Zurück.
Da geht sie mutig nachgerade
auch sehr verschlungene Liebespfade,
leicht bis zum Leichtsinn allemal.
Zu enge Bindung macht ihr Qual.
Flott unterwegs in Liebeszonen
durchbricht sie alle Konventionen,
mal ungestüm, mal sanft und zart.
Lisa liebt frei auf ihre Art.

Genug! Verehrte Festkommende,
der Sternentrip geht nun zu Ende.
Wieder am Boden aufgesetzt
enthält der Text zu guter Letzt
noch beste Wünsche griffbereit
für heute und die nächste Zeit.

Lisa mit Wassermännin-Blut
soll leben, wie sie's gerne tut!
Und Lebenslust soll sondergleichen
von hier bis zu den Sternen reichen.

Viel Glück und Segen wünscht dabei
auch meine kleine Reimerei.

75 Jahre: Sterne über Margareta

Die Sterne blinken Hoffnungszeichen.
Der >Widder< springt auf seine Bahn.
Der Winter muss dem Frühling weichen,
und lebhaft fühlt die Welt sich an.

Ein Sternbild wird zum Lebenszeichen
für Margaretas Frohnatur.
Ein >Schatz von Weib< ganz ohnegleichen:
Verstand und Herz und Liebreiz pur.

Sie spürt den tiefen Grund der Wesen,
was zwischen Hirn und Seele schwingt.
Stil und Geschmack sind auserlesen.
Das Lied des Lebens in ihr klingt.

Die Margareta lässt erspüren
was Leben heißt in Freud' und Leid.
Von Gott lässt sie sich tapfer führen
zum hohen Ziel der Menschlichkeit.

Die Jahre sind dahin geschwunden,
im Alter winkt der Weisheit Lohn.
Denn Tag um Tag, und Stund' um Stunden
siehst du das Ziel jetzt besser schon.

So lasst uns heut' den Tag bedenken
als Margaretas Weg begann.
Gott möge ihr viel Gutes schenken.
Und diesem schließen wir uns an.

Leni feiert ihr 65. Wiegenfest

1,2,3,4, fünfundsechzig.
Wenn man Jahre zählt, das rächt sich.

So sei denn lieber aufgezählt,
was uns an Leni gut gefällt.

Von >Liebe< soll die Rede sein.
Leni durchdringt ein Zauberschein.
Liebe hat sie in ihren Jahren
von vielen Menschen selbst erfahren.

Und Liebe will sie weiter schenken.
So werden viele an sie denken
und froh sein, dass es Leni gibt.
Leni ist eben >sehr beliebt<.

Fünfundsechzig 1,2,3,
nun von >Geist< die Rede sei.

Als weiteres sich hier erweist
ist ihr Esprit und wacher Geist.
Leni kann neben >Liebe schenken<
auch weibsbetont und logisch denken.

Wenn sie was sagt, dann hat's gefunkt.
Sie bringt die Dinge auf den Punkt.
In Kirchen-, Welt- und Freundeskreisen
ist Leni deshalb hoch zu preisen.

1,2,3,4, fünfundsechzig.
Leni's Charme ist übermächtig.

Nun spreche ich hier herzlich warm
von Leni's weltbekanntem Charme.
Damit ist sie wohl auserlesen
fürwahr ein ganz bezaubernd Wesen.
Charmant zu sein, ist eine Kunst
Ich blase hier nicht >Blauen Dunst<
von Mann zu Frau. Das liegt mir fern.
Nur: Leni haben alle gern.

Fünfundsechzig 1,2,3,
viel Tapferkeit ist auch dabei.

Nun will auch ich die Stimm' erheben
und sprechen über Leni's Leben,
das sie mit Tapferkeit besteht,
auch wenn's mal nicht so locker geht.
Leni lässt auch in schweren Zeiten
sich ihren Frohsinn nicht entgleiten.
Dann zeigt sich, dass mit Mut und Kraft
sie Schwierigkeiten trotzdem schafft.

Jetzt ist Schluss, denn 1,2,3
ist die Reimerei vorbei.
Was wir noch zustande bringen,
wollen wir der Leni singen:

Viel Glück und viel Segen...

Hartmut wird 60 Jahre alt

Verehrte Gäste, liebe Leute,
ich grüße alle herzlich heute
und freue mich, euch hier zu sehn,
Geburtstag feiern ist halt schön.
Man hört's und jeder weiß es bald:
Hartmut wird 60 Jahre alt.

Ein Grund zum Feiern, unbenommen.
Drum sind wir alle hergekommen.
Elvira, seine Ehefrau,
die sagt es allen ganz genau:

Die 60 muss gefeiert sein.
So lädt sie jeden von uns ein
auf diese Zahl das Glas zu heben:
>Prost Hartmut, auf ein langes Leben!<

So manches ist von diesem Mann
zu sagen, was man loben kann.
Als junger Mann schon lernt er kennen,
wie man die Lampen kriegt zum Brennen.
Elektriker ist er gewesen,
das kann man noch im Lehrbrief lesen.

Doch später hat er dann gespürt
wohin sein Leben wirklich führt.
Zu jungen Menschen zieht's ihn hin.
Sie zu betreuen, das macht Sinn.

Sozial gestimmt und hilfsbereit
gestaltet Hartmut seine Zeit.
In Krautheim in den Werkstatträumen
lässt er die jungen Menschen träumen
von einer Welt die jeden ehrt,
ob reich, ob arm, gesund, versehrt.

Zum Schluss will ich noch allen sagen:
Der Hartmut war in früheren Jahren
ein Fußballer mit Temperament.
Wer wirklich unseren Hartmut kennt
weiß, dass er schwärmt seit eh und je
als Fan vom Nürnberger FC.

So weit, so gut. Ich komm' zum Schluss.
Doch eines ich noch sagen muss:
Dem Hartmut wünschen wir viel Glück!
Und wenn er heute schaut zurück,
dann sieht er wie auf allen Wegen
ihn hat begleitet Gottes Segen.

Auch wir sind gerne für ihn da:
Der Anton und die Lioba.

Abschieds-Feier für Elfriede

Mein hochverehrtes Publiko
vernehmet die Laudatio
auf eine Frau – uns wohlbekannt –
Elfriede Hirsch wird sie genannt.

Ihr zur Pläsier und Nutz und Frommen
sind wir ins Oberland gekommen.

Hier, wo sie schon seit vielen Jahren
viel Ehr' und Achtung hat erfahren,
da soll nun auch durch unsern Mund
sich tuen Preis und Ehre kund.

Doch gilt es gut zu überlegen:
Wie sich thematisch fortbewegen?
Berufliches ist schon gesagt.
Was wäre dann wohl noch gefragt?

Vielleicht etwas Persönliches
und möglichst Ungewöhnliches.
So dachten wir mal hin und her,
den Punkt zu finden fiel recht schwer.

Da plötzlich, ich verkünd' es gerne,
kam uns das kleine Stichwort >Sterne<.
Elfriede liebt der Sterne Pracht.
Das Lichtgefunkel in der Nacht.

Die Sternenbilder, Sternensagen
und das geheimnisvolle Fragen,
ob sich im Tierkreis-Sternenbild
Personbezogenes enthüllt.

Die Antwort, meine Herrn und Damen,
soll nun in dieses Festes Rahmen
ergründet werden. Sagenhaft!
Denn hier entwickelt sich die Kraft
von vielen Star- und Sternendeutern.
Sie alle können nun erläutern,
ob sich Elfriedes Sternenbild
persönlich zutreffend erfüllt.

22. April

Geburts- und Stichtag (wenn man will)
ist zweiundzwanzigster April,
da kam, so hat sich rausgestellt,
Elfriede Hirsch auf diese Welt.

Und somit konstatieren wir
das Sternen-Tierkreiszeichen >Stier<.
Die Stier-Frau, so lässt sich erkunden,
lebt typenmäßig erdverbunden.
Ihr Wille ist stets fest und zäh.

25

Die Lockerheit hält sie für Schmäh.
Wirklichkeitsnah ist all ihr Sinn.
Zum ganz Konkreten zieht's sie hin.
Ihr Handeln ist gewissenhaft;
praktisch und gründlich, was sie schafft.

Als Stier-Frau gilt's zu überlegen:
Ist man dafür? Ist man dagegen?
Mit Sorgfalt wägt sie kurz und knapp
das Für und auch das Wider ab,
und steht ohn' jegliche Beschwerde
mit beiden Füßen auf der Erde.
Man lobt bei ihr zu jeder Zeit
Geduld und auch Beharrlichkeit.

Doch harmlos ist die Stier-Frau nicht.
Will man sie führen hinter's Licht,
dann bricht's hervor mit Urgewalten.
Niemand kann ihren Zorn dann halten.

Wie mit Gewitter-Donnerkrachen,
so kann sich ihre Wut entfachen.
Die Emotion ist riesengroß.
Der Stier-Frau Zorn ist grenzenlos.

Nach so viel Donnergrollen-Tönen
kehr'n wir zurück zum Edlen, Schönen.
Elfriede Hirsch, april-geboren,
wurde ja schließlich auserkoren

als Stier-Frau frühlingsahnungsvoll
zu siegen über Winter-Groll.

Wenn im April die Sonne scheint,
die Aussaat still im Garten keimt,
wenn grüne Gräser saftig sprießen
und erste Blüten uns begrüßen,
dann hat Elfriede ihre Zeit,
erdzeichenhaft ist sie bereit
sich allem Schönen aufzuschließen
und Lieblichkeit ins Herz zu gießen.

Dann steigt der Stier-Frau Herzensgunst
bis hoch hinauf zur edlen Kunst,
wenn mit Musik und Farbenpracht
sich Erdverbundenes entfacht
zu großem Tun, und zum Erkennen,
was wir in Ehrfurcht >göttlich< nennen.

Elfriede Hirsch versteht die Zeichen,
die von ganz tief bis oben reichen.
Ihr Leben hält der Spannung stand
die Erd' und Himmel stets verband.

Genug! Verehrte Fest-Kommende.
Der Sternen-Trip geht nun zu Ende.
Elfriede Hirsch mit Stier-Frau-Blut
soll leben wie sie es schon tut.
Und Lebenslust soll sondergleichen
von hier bis zu den Sternen reichen.

Ein Mann namens Otto

Mein hochverehrtes Publiko,
vernehmet die Laudatio
auf einen Mann von hohem Rang,
sein Name hat sehr guten Klang.

Im Dorf und auch im Landeskreis
fast jeder Mensch von Otto weiß,
dass er im Oberkessachtal
die Wahl gewann mit hoher Zahl.

OV, so titelt er bescheiden,
denn Protzerei kann er nicht leiden.
Doch wie er hier den Ort gestaltet
und meisterlich im Rathaus waltet
mit Umsicht, Weitsicht und mit Mut
ist, schlicht gesagt, nur einfach gut.

Man sieht den Otto auch seit Jahren
in einem seltenen Auto fahren.
Auch das ist nicht Angeberei,
denn vorne drauf steht >Polizei<.

Des Mannes Uniform ist echt,
denn Otto kämpft auch für das Recht.
Bei Einbruch, Diebstahl, Schurkerei,
wenn zwei sich prügeln oder drei,
ist gar das Leben in Gefahr,
dann kommt als Oberkommissar

in Windeseile Otto an.
Ein tapferer Mensch tut, was er kann.

Privat ist Otto nett und lieb,
was ihn vor Jahren dazu trieb
die Marion an Land zu ziehn,
was allen auch recht logisch schien.
Sie passen bestens überein,
denn schließlich will man glücklich sein.

So weit, so gut. Nun will ich sagen,
warum wir hier zusammen tagen.
Es ist das Datum >Fünf mal Zehn<,
das wir nun feierlich begehn.

Otto wird fünfzig Jahre alt.
Darauf ein >Dreimal Hoch< erschallt.
Hoch soll er leben, frisch und froh.
Die Marion auch ebenso.

Dir, lieber Otto, und den Deinen,
soll allezeit das Glück erscheinen.
Wir gratulieren allerbest,
und danken für das schöne Fest.

Wir singen dir das Lied vom >Segen<,
der mit dir sei auf allen Wegen:

<Viel Glück und viel Segen
auf all' Deinen Wegen...<

Zum >Silbernen Priesterjubiläum< von Dekan Karl Angele

Seht euch ihn an, dann wird's euch klar:
Karl Angele ist Jubilar.
Nicht, dass schon Altersschatten grauten.

Wir sehen vielmehr den vertrauten
Pfarrer ohn' jegliches Gebaren
im Amt seit fünfundzwanzig Jahren.

Ein Silberjubiläumsfest
mit dem es sich gut leben lässt.
Man tut noch täglich seine Pflicht.
Der Silberlorbeer drückt noch nicht.

Von Ende oder Inventur
spricht heute niemand – nicht die Spur.
Doch wäre es schon zu verstehen,
wollt' man ein wenig in sich gehen.

Ein Blick zurück, nicht mal im Zorn,
und dann natürlich auch nach vorn,
wie's weitergehen könnt, bedenken,
sich wünschend selber etwas schenken.

Was könnten seine Wünsche sein?
Fragen wir uns! Was fällt uns ein?
Vertrauen finden, obenan.
Das wünscht sich sicher der Dekan.

Menschliches Angenommensein
geht damit spürbar im Verein.
Zuhören können allen Sorgen
von gestern, heute, übermorgen.
Zeit haben, selbst auch schon gestresst,
für den, den Hoffnung fast verlässt.

Nun – wünschenswert wär' außerdem
und nebenbei noch angenehm
wenn einzeln und auch in Verbänden
sich Mitarbeiter öfter fänden,
die guten Mutes fröhlich wagen
Verantwortung auch mitzutragen
wenn steif der Wind von vorne weht
und es um die Gemeinde geht.

Weiter als Wunsch bleibt immer offen
und gleichzeitig auch stets zu hoffen,
das, was als >Frohe Botschaft< gilt,
die Menschen auch mit Freude füllt.

Es so zu sagen, so zu künden,
dass alle etwas dabei finden.
Dass Glaube wächst, Hoffnung gebiert,
und dass die Liebe spürbar wird.

Des Pfarrers Wünsche sind noch mehr:
Wo kommen Geld und Mittel her?
Für Bauten, Kult und Personal
ist das schon eine stolze Zahl.

Bürobetrieb und Management
finden auch selten mal ein End'.
Verständlich bleibt das Wünschen hier.
Ein bisschen weniger Papier!

Die Wünsche alle aufzuzählen
würden mir Zeit und Worte fehlen.
Der Jubilar weiß sicher mehr.
Doch fällt mir jetzt zum Schluss nicht schwer
schon nach den hier zitierten Sachen
mir einen Vers darauf zu machen:

Man könnte doch, so ganz im Stillen,
helfen, dass Wünsche sich erfüllen.

Abschiedsfeier von Pfarrer Löffler

Heut' ist der Pfarrer moll-gestimmt,
weil er nun von uns Abschied nimmt.
Das >uns< meint meistens immer >alle<.
Doch in dem hier gemeinten Falle
soll dieses >uns< begrenzet sein
auf den Elisabeth-Verein.
Als Präses hat er uns geführt.
Schon dafür ihm viel Dank gebührt.

Und zusätzliche Sympathie
erwarb er sich dann für das >wie<.
Wie er sich gab, wie wir ihn finden,
das wollen wir in Reime binden.
Zwar unvollständig, fragmentarisch,
doch wiederum auch exemplarisch.

Im Mosaik der guten Seiten
steht obenan das Sitzung-Leiten.
Ideenreich – voll Energie;
nur Schwätzerei vertrug er nie.
Löffler schwang dann als letztes Mittel
die Sitzungsglocke wie ein Büttel.
Und das sei hier vorweggenommen:
Sein Stil ist uns sehr gut bekommen.
Dazu sag' ich ein Stichwort nur:
Die >Konferenz-Verjüngungskur<.

Nun – ganz leger, und nonchalant,
man Löffler nach der Sitzung fand,
wenn hinterm Kaffee-, Tee-Service
man Sitzungsstress verebben ließ.
Einmal, im >Raible< ist's passiert,
da hat er jedem ungeniert
anhand von Zucker-Tierkreiszeichen,
streng astrologisch und dergleichen,
Charakterzüge vorgegaukelt
und uns dabei ganz schön verschaukelt.
Zurück zu seinen Wesenszügen.
Das Buffo-Fach scheint ihm zu liegen.

Das hat jährlich zur Fasnetszeit,
uns immer wieder sehr gefreut.
Ob mit Zigeuner-Pußtata,
ob Diener der Justitia,
oder im Schwarzwald-Fluidum,
Herr Löffler war ein Unikum,
beifallumrauscht, Ensemble-Stütze,
mit einem Wort: Einsame >Spitze<.

Uns blieb er immer sehr gewogen.
Wir sind oft mit ihm ausgeflogen.
Zur Weberei, zum Bodensee,
dann nochmal, wenn ich's richtig seh'
zur Mainau-Insel, himmelblau,
und ganz zum Schluss zur Modenschau.
Bald hatte sich herausgestellt:
Herr Löffler ist ein Mann von Welt.
So kann ich hier getrost verfassen:
Man kann sich mit ihm sehen lassen.

Weiter im Katalog der Stärken
von Pfarrer Löffler anzumerken
ist, schlicht gesprochen, Menschlichkeit
(sprich: Kommunikationsbereit).
Ob offiziell zur Jahresfrist,
oder wenn Altenmittag ist,
und selbst beim Bowle-Trinkens-Akt
sucht er den menschlichen Kontakt.
Ein Beispiel hier für vieles steht,
und ich erzähle es diskret

abschließend nun, gleich ernst und heiter
an alle Interessierten weiter.

Stichwort: Müttergenesungswerk.
Wir fanden uns vor einem Berg
von ungezählten Arbeitsstunden,
ich sage es hier unumwunden:
Der Vorschlag kam, nun aufzugeben.
Doch Löffler meinte: >Wenn das Leben
nur einer Mutter froher wird,
dann haben wir uns nicht geirrt<.
Es blieb dabei. Wir machen weiter,
beschämt ein wenig, und gescheiter.

Nun ganz zum Schluss das Dankeschön.
Wir lassen ihn nicht leichthin gehen.
Der Dank, den wir Herrn Löffler schenken,
ist: Dass wir gerne an ihn denken.

Unserem Monsignore zum Fünfzigsten

Mein hochverehrtes Publiko,
vernehmet die Laudatio
auf einen Mann von hohen Gaben,
den wir in unserer Mitte haben.
Nun gleich zur Sache deretwegen
wir alle Festesfreude hegen.

Die Quinte im Akkord mal zehn
wär's musikalisch anzusehn.
Ganz schlicht gesagt ist es auch bald:
Er wird halt fünfzig Jahre alt.
Das wäre jetzt der Grund zum Feiern,
wobei wir alle das erneuern
was wir empfinden Tag für Tag:
Dass jeder ihn sehr gerne mag.
Und nicht nur aus der Emotion.
Nein – auch mit Überlegung schon
weiß jeder hier was zu berichten.
Das brauche ich nicht noch zu dichten
was er für diese Stadt getan.

Als kleiner Kurat fing er an.
Gescheit und klug, nicht mit Gewalt,
formte er der Pfarrei Gestalt.
Wer weiß noch, wie die andern schauten,
als wir die schöne Kirche bauten.
Seine Ideen wurden Stein.

Wir weihten eine Kirche ein
die ihm und uns und jedem Christ
nun Zentrum der Gemeinde ist.

Einmal getan – hat er's geschmeckt.
Schon fühlt er sich als Architekt
und baut hierauf – jetzt ist's egal –
in Haiterbach ein zweites Mal.
Kurat war auch nun schon passé.

Stadtpfarrer hieß der Titel eh
an den wir uns sehr bald gewöhnten
und seine Anrede verschönten.
Das >Stadt< im Titel war bald weg.
Nun es erfüllte auch den Zweck
ihn schlicht als Pfarrer anzuschauen.
Behindert hat's ihn nicht beim Bauen.
Pfarrhaus mit Clubraum standen klar,
nicht zu vergessen eine Bar
mit Schnaps, Likör und mit >Bourbone<
im Dienst der Kommunikation.
Dem letzteren galt auch der Raum
im Kirchenkeller, denn ein Traum
umgaukelte den Musensohn:
I-Punkt der Kommunikation
wäre ein Avantgarde-Theater.
Bald kamen dann auch die Berater
von Bühnen weit und breit daher.
Mancher erinnert sich kaum mehr
wie wir damals aus Rand und Band
bis unser >hades< endlich stand.
Und zur Premiere ganz exakt
erschien Herr Sautter weißbefrackt
als Pfarrer und Theaterboß.
Seitdem schreibt man Kultur hier groß.

Ganz nebenbei mit einem Dreh
entstand noch nachher ein Foyer,
damit man zur Kritikdebatte
den kulturellen Rahmen hatte.

Jahrzehnte waren es der vieren,
da wollte er nochmal studieren.
Nach Trier zog ihn die Liturgie,
denn Stillstand den verträgt er nie.
Seitdem hat er ganz akkurat
den Fuß im Ordinariat.
Das ist für ihn nicht ein Gehabe.
Nur: An der Quelle sitzt der Knabe!
Er hat auch wirklich viel getan
und das erkennen alle an.
Als der Dekan zu wählen war
wurde es Sautter – ist doch klar.
Und ihr, ihr wisst es alle schon,
er wurd' es auch für die Region.
Wie sagte er mal abends spät:
Von einer Popularität
an aufwärts kann man sich der Ehren
dann ganz einfach nicht mehr erwehren.
Der Bischof hat das auch erkannt.
Geehrt hat er ihn und ernannt
als Macher und als Mann der Tat.
Neuester Titel: Geistlicher Rat.

Damit sind fünf Dezennien voll.
Und ich, ich weiß nicht was ich soll
nun schlussendlich am höchsten preisen.
Nun – als Chronist will ich verweisen
ganz schlicht auf einen Menschen hin.
Schließlich ist das auch wohl der Sinn
von allem Streben, Tun und Trachten.

Mögen wir alle es beachten
wie hier ein Mann ganz redlich strebt,
dass die Gemeinde weiterlebt.
Dafür ein herzlich Dankeschön
von allen, die das täglich sehn.

Zum Abschied von Elisabeth Staiger

Verehrte Herren, liebe Damen,
die Sie zum Fest zusammen kamen,
vernehmt die Worte unserer Kür.
Sie deuten reimend mit Gebühr
in Wort-Symbolen, knappen Sätzen
wie sehr wir Lisbeth Staiger schätzen.

Wir sagten >deuten< mit Bedacht.
Denn was sich nun bemerkbar macht
sind Schlüsselworte zur Person
von Lisabeth. – Sie ahnen schon
was wir den Festversammlungs-Leuten
aus ihrem Namen sinnvoll deuten.

Gemach: Wer das Geheimnis kennt
benutzt dies bunte Instrument:

Kaleidoskop
wird es genannt

Man schaut hinein. Man dreht am Rand
und schon bewegen sich die Zeichen.
Was vorher war, beginnt zu weichen
verändert sich zu neuer Form.
Das Instrument ist ganz enorm.

Mit ihm schau ich nun auf den Text.
Der Text bewegt sich wie verhext.
>Nomen est omen< sagt man oft.
Und so wird hier ganz unverhofft
ein Name zeichenhaft ent-deckt.
Man sieht, was alles in ihm steckt.
Geheimnisvoll will ich agieren
und neu den Inhalt buchstabieren.

<Viele Leute< ist ein passendes Sichtwort für Elisabeth Staiger. Denn an ihrem Arbeitsplatz gingen viele Leute ein und aus. Vielen Leuten hat sie einen Dienst getan; ihnen geraten, zugehört und auch ganz praktisch geholfen. Deshalb passt auch heute: >Viele Leute<

So ändert sich auch meine Sicht.
Ich blinzele ins Gegenlicht
und staune wie auf diese Weise
Elisabeth zieht ihre Kreise.
Schnell ist das neue Wort diktiert
kaleidoskopisch buchstabiert:

Beliebt war Elisabeth Staiger nicht nur bei den vielen Leuten draußen, sondern auch bei uns >im eigenen Laden<. Wir haben sie jahrelang erlebt als freundliche zuvorkommende Mitarbeiterin, offenherzig und mit dem rechten Wort am rechten Platz.
Ganz selbstverständlich sich ergibt:
>Sie war beliebt<

41

Schon dreht sich weiter unsere Schau
mit Lisabeth; man weiß genau:
Sie duldet keine Drückeberger.
Bei so viel Licht gibt es auch Ärger.

So will ich nicht den Mut verlieren
und tapfer weiter buchstabieren:

A E R G E R

Ärgerlich wurde Elisabeth immer dann, wenn jemand scheinheilig daherkam. Großkotzigkeit konnte sie nicht ausstehen. Frömmelndes Gerede war ihr zuwider. Duckmäuser hat sie schnell durchschaut. Da ließ sie sich auch nicht durch allerhand Schmäh täuschen.
>Charakterlump< ist ihre Bezeichnung für solche Zeitgenossen.

Jetzt haben alle es gehört,
was Lisabeth besonders stört.
Nun denn, so sei zum guten Schluss
die Rede noch von dem >Genuss<.

Bei >Kirchens< klingt das sehr frappierend,
in hohem Maße irritierend,
wenn mal von >Lust< die Rede ist.
Hier steht, damit man's nicht vergißt:

G E N I E S S E N

Sehen, hören, riechen, schmecken, fühlen. Mit allen Sinnen das Leben wahrnehmen. Die Jahre auskosten; auch vor allem im wohlverdienten Ruhestand. Jeden Tag genießen, denn: >Wer nicht genießen kann, wird selber ungenießbar<.

Nun ändert sich die Formation.
Sie sehen hier als Attraktion
die Worte, gleichsam wie auf Füßen,
beweglich, freundlich sich begrüßen.
Was jetzt den Rahmen schmuckvoll ziert
ist leicht und locker buchstabiert:

L I E B E   G R U E S S E

Liebe Grüße sagen wir alle unserer Elisabeth, wenn sie heut Abschied nimmt. Wir wünschen ihr Glück und Segen auf all ihren Wegen; Gesundheit und Frohsinn sind auch mit dabei.

Das Wort ist eben schon gefallen,
als Wunsch empfunden von uns allen:
Dass weiterhin auf allen Wegen
sie leiten möge Gottes Segen.

Damit es keiner je verliert,
sei es noch einmal buchstabiert:

S E G E N

Gesegnet werden und anderen ein Segen sein,
das ist unser Wunsch für Elisabeth.

Buchstabiert steht:
S für Starkmut
E für Entschlossenheit
G für Geduld
E für Erkenntnis und
N für >nur nicht nachlassen<

Damit verehrte Fest-Kommende,
geht unsere Fest-Revue zu Ende.
Kaleidoskopisch, immerhin
wär' zwar noch eine Menge drin.
So beispielsweise >viel Betrieb<,
und >nett< und >gern< und auch noch >lieb<
>erlauben< ginge noch und >essen<;
Doch sollen ihre Interessen
auch nicht zu arg geschunden sein.
Ich pack' mein Instrument nun ein.
Unglaublich was da unentdeckt
in Lisbeth Staiger alles steckt.

Ihr zum Präsent und zum Pläsier
steck' ich zur Reimerei jetzt
hier
noch
eine Rose
in den Rahmen.
Und dann ist Schluss
und Ende. Amen.

Regieanweisung für die Reimerei:
Der Redner hat ein kleines Rohr (Kaleidoskop) in Händen.
Der Name der zu ehrenden Person steht in Groß-
buchstaben auf einem Plakat. Vor der Aufführung wurden
lobende Worte aus den Buchstaben des Namens
entwickelt und jeweils auf einem Plakat aufgeschrieben.
Das sind die lobenden Worte, die während des Reimes
präsentiert werden. Ziel: Die Eigenheiten werden aus dem
Namen der zu lobenden Person entwickelt.

Lied der DJK-Senioren-Sportler

(Melodie: Wie ist die Welt so groß und weit)

Wie ist die Welt so ahnungslos
und wenig informiert,
wenn es um uns Senioren geht,
männlich emanzipiert.
Vom Jungsein spricht die ganze Welt
und Anti-Aging-Kult.

Wer das allein für richtig hält,
ist schließlich selber schuld.

Ein DJK-ler Sport-Senior
ist altersmäßig fit.
Mit Anti-Aging-Jugendwahn
da machen wir nicht mit.
Wir kennen unsere Leistungskraft
im Training und daheim.
Bei uns steht jeder noch im Saft.
>Viagra< muss nicht sein.

Der Männerbauch ist eine Zier,
ein echter >Rettungsring<.
Auch wer ihn füllt mit Wein und Bier
bisher nicht unterging.

Man ehrt den, der in Land und Stadt
den weisen Spruch ersann:
>Der Mann, der keinen Wampen hat,
ist noch kein rechter Mann<.

Wir werden hundert Jahre alt,
vielleicht noch etwas mehr.
Wer dann noch unsere Rente zahlt,
das interessiert uns sehr.
Wenn Alt und Jung zusammen stehn,
dann ist's noch nicht zu spät.
Dann kann's gemeinsam weiter gehen
in Solidarität.

Mit Ernst und Spaß und Gottvertraun
gehn wir das Alter an.
Wir wollen in die Zukunft schaun
und leisten, was man kann.
Der DJK ist der Verein,
der uns zusammen hält.
So lasst uns froh und munter sein
im Dorf und in der Welt.

Goldene Hochzeit von Hein und Änne

Mein hochverehrtes Publiko!
Vernehmet die Laudatio
auf unsere Änne, unseren Hein,
die heut' im Jubiläumsschein
von fünfzig Ehejahren leben.
Die runde Zahl bewirkt es eben,
dass zu des Silberhaares Pracht
nun Gold hinzukommt – über Nacht.

Ein jeder weiß es auf der Welt:
Wenn eine Ehe so lang' hält,
dass fünf Jahrzehnte gehn ins Land,
dann knüpft man ihr ein gülden Band.

47

Schon Goethe einst in Verse zwängte,
dass alle Welt zum Golde drängte.
Damit ist klassisch gut erklärt:
Der Anlass ist des Feierns wert.

Der Meinung sind auch Hein und Änne.
Doch wie ich diese beiden kenne
soll goldner Glanz vor allen Dingen
auf uns als Gäste überspringen.
Das soll geschehn. Wir stimmen ein:
Ein Hoch der Änne und dem Hein.

Wer fünfzig Jahre Ehe führt,
dem läuft nicht alles wie geschmiert.
Da lässt sich, trotz viel gutem Willen
nicht jeder Wunsch auch gleich erfüllen.
Das weiß ein jeder in der Runde:
Nicht alles glänzt im Ehebunde.
Das ist noch heute so und war
nicht anders, als vor fünfzig Jahr
der Hein die Änne hat gefreit.
Trotzdem – sie haben's nicht bereut.
Die Zeiten waren schlecht bestellt.
Kaum einer hatte großes Geld.
Es galt, Bescheidenheit zu üben,
und sich im kleinen Glück zu lieben.
Dass dies geschah ist nachzuprüfen.
Denn schon nach wenig Jahren liefen
ein Sohn und auch drei Töchterlein
im Haus am Maat türaus, türein.

Für Hein hieß das jetzt >feste klopfen<,
um jedes Mäulchen auch zu stopfen.
Dach auf, Dach ab, und >Sanitär<;
man kann sich denken: Es war schwer.

Dann kam der Krieg an jeden Ort.
Und auch der Hein war lange fort.
Mann ohne Frau – Frau ohne Mann.
Die Zeit hielt ihren Atem an.
Für Änne war das nicht so leicht.
Doch hat sie tapfer es erreicht,
dass wir die Notzeit überstanden.
Und als wir dann uns wiederfanden
mit Hein – aus Russland heimgekehrt,
da war sie selbst sehr abgezehrt,
und nicht nur silberhaarenweiß
war der Entbehrung harter Preis.

Den Mut galt es nun fest zu stärken.
Es war uns fortan anzumerken,
dass >Hoffnung< die Parole war.
So ging es aufwärts, Jahr für Jahr.
Zukunft bestimmte unseren Blick.
Nach vorne, hieß es, nicht zurück.
Und als Symbol und Hoffnungstat
flog nochmal Adebar zum Maat.
Er brachte uns, gleichsam als Treff
ein kleines Brüderchen, den >Steff<.
Das machte allen neuen Schwung,
und Hein und Änne wieder jung.

Die Zeit verging fast unbemerkt.
Wir Kinder gingen gut gestärkt
nach Schulzeit, Lehre und Kolleg
nun selber unseren Lebensweg.

Im Haus am Maat wurd's langsam leise.
Hein und Änne meinten weise:
Mehr als geschah, war nicht zu tun.
Es steht uns an, nun auszuruhn.
Der alten Lehre eingedenk:
Ein jeder Tag ist ein Geschenk.

Ein jeder Tag ist Gottesgabe
mit reicher oder knapper Habe.
Hauptsache ist, dass jeden Tag
der andere spürt, dass ich ihn mag.

Dann kann der Alltag, sorgenvoll,
uns nicht entzweien – keinen Zoll.
Dann können Fest- und Jubelfeiern
nur einen schlichten Satz erneuern:

Wir haben ehrlich uns geliebt –
und es ist gut, dass es dich gibt.

Der Mann im >Männer-Werk< wird 60

Verehrte Herren, liebe Damen,
die Sie zum Fest zusammen kamen,
ich grüße herzlich, danke schön,
und freue mich, Sie hier zu sehen.

Den Anlass wussten alle bald:
Ich werde sechzig Jahre alt.

Ein Grund zum Feiern, unbenommen.
Drum sind wohl alle auch gekommen.

Jetzt steh' ich hier in Redner-Pose
und überdenke mir die Chose,
was ich nach so viel Jahr und Tagen
als Männer-Mensch nun sollte sagen.

Ich komm' zur Sache, deretwegen
wir hier Geburtstags-Stimmung hegen.

Wenn Sie mich fragen, was ein Mann
zum >Sechzigsten< sich wünschen kann,
dann hab' ich dies, Symbol-umwunden,
an einen Bibeltext gebunden.

Ich möchte Vögel fliegen lassen,
dabei die Wunschvorstellung fassen:
Sorglos die Tage zu erwarten;
des Himmels Vögel zu betrachten.

Mein erster Vogel steigt ins Blaue.
Wenn ich so hinterher ihm schaue,
mag er, mit Stress und Arbeitstreiben,
doch möglichst lange oben bleiben.

Es ist ein Privileg der Alten,
den Vogel sich vom Leib zu halten.

Ganz anders diese Lichtgestalt.
Sie füllt die Tage mit Gehalt.
Den Vogel mit dem Muße-Schein
Lass' ich zu jeder Tagzeit ein.

Er darf mit seinen Star-Allüren
mich auch im Alter noch verführen.

Mit Flügeln ausgespannt und weit
schwingt ruhig die Gelassenheit.
Ein Vogel majestätisch schön.
Doch kriegt man selten ihn zu sehn.

Im Alter wird mich das nicht grämen.
Ich werde selbst mir einen zähmen.

Flatternd – wie ich ihn beneide!-
fliegt der Vogel >Lust und Freude<.
>Lust< im Steilflug mit Geschnatter.
>Freude< etwas moderater.

Vogel flieg! Du bist ein Segen!
Jeden Tag will ich dich pflegen.

Nun zum Schluss ein ganz ein zarter
scheuer Flieger, sehr aparter
kleiner Vogel (gut im Singen).
>Freundschaft< steht auf seinen Schwingen.
Seiner Stimme still zu lauschen,
lässt die Zeit vorüber rauschen.

Wenn ich nun hier so vor Euch stehe
und meine Wünsche fliegen sehe
als Vögel mit Symbol-Aussagen,
ist mir nicht bang vor künftigen Tagen.

Arbeit und Stress wird langsam weichen;
stattdess' die Muße mich erreichen.
Es wird mich dann auch mit der Zeit
umgeben die Gelassenheit.
Die Freude wird mein Herz umfangen,
weil mir die Lust nicht ausgegangen.
Schließlich will ich, das soll's auch geben,
die Männer-Freundschaft noch erleben.

Damit, verehrte Fest-Kommende
geht meine Reimerei zu Ende.

Die >Vögel-Wünsche< fliegen offen,
doch wage ich, darauf zu hoffen,
dass auch nach meinen sechzig Lenzen
sich Wünsche lassen noch ergänzen.
Wunschlos zu sein ist nicht mein Streben,
vielmehr erwarte ich vom Leben,
dass es sich täglich neu entfalte.
>Es gibt gewiss auch junge Alte<.

Das Ehrenamt

Ihr Lieben von der Pfarrgemeinde,
die ihr euch heute hier vereinten,
hört zu, was ich euch sagen will.
Und seid auch bitte jetzt mal still.

Denn Großes gilt es mitzuteilen.
Drum will ich auch nicht lang verweilen
und zu Beginn es mutig wagen,
ein wichtig Wort hier anzusagen.
>Das Ehrenamt< so heißt das Wort.

Ich fahre also mutig fort
das Ehrenamt ist auszubreiten.
Ich zeig's euch auf von vielen Seiten.
Es gibt sie, die mit Herz und Hand,
mit gutem Willen und Verstand
sich mühen und sind stets bestrebt,
dass die Gemeinde weiter lebt.

Zum Beispiel alle, die seit Zeiten
die Seniorentreffen leiten.
Auch junge Leute sind zu nennen.
Mag sein, dass wir sie alle kennen.
Es sind ja meistens die bekannten,
die dienstbar sind als Ministranten.

Die Mesnergruppe nenn' ich gern.
Sie bildet auch den harten Kern,
der immer und zu jeder Frist
ganz pünktlich hier zur Stelle ist.

Als Mann, als Frau, sehr akkurat
sitzt man im Pfarrgemeinderat.
Denn guter Rat ist sehr gefragt,
drum wird auch öfters mal getagt.

Lektoren lesen Gottes Wort.
Das freut uns alle hier am Ort.
Wortgottesleiter gibt's sogar
ich finde, das ist wunderbar.

Und Helfer gibt es am Altar,
ganz anders, als es früher war.
Sie teilen aus das Heil'ge Brot,
das Menschen hilft in ihrer Not.

>Frauengemeinschaft< klingt sehr schön.
Gemeinschaftlich zusammen stehn
gelingt den Frauen wohl am besten.
Im Alltag und bei frohen Festen
sind Frauen niemals wegzudenken.
So will ich meinen Blick auch lenken
auf alle, die den Karren ziehn
und sich im Vorstand eifrig müh'n.

Gar viele wären noch zu nennen.
Ihr werdet sie wohl alle kennen,
die immer wieder zum Gelingen
bescheiden ihren Beitrag bringen.

Bedenket wohl, ich sag' es gern:
>Wir dienen alle unserm Herrn!<
Das Ehrenamt ist >Gotteslohn<.
Das sagten unsere Eltern schon.

Doch wollen wir auch danke sagen.
So lässt sich alles leichter tragen.
Zum Schluss sei noch erinnert hier
das Motto: >Kirche lebt dank dir<.

Heimatlied

Wo der Eichbaum steht

(Melodie: Im schönsten Wiesengrunde)

In unserem schönen Kessich
steht schon seit alter Zeit
ein Eichbaum stark und mächtig
und schutzbereit.
Freundschaft nie vergeht
wo der Eichbaum steht
ein Eichbaum stark und mächtig
und schutzbereit.

Der Eichbaum ist ein Zeichen
für Treu' und Einigkeit.
Lasst uns die Hände reichen
für alle Zeit.
Freundschaft nie vergeht
wo der Eichbaum steht.
Lasst uns die Hände reichen
für alle Zeit.

58

Mit Eichenblättern winden
sich Mann und Frau den Kranz
wenn sie die Liebe finden
getreu und ganz.
Freundschaft nie vergeht
wo der Eichbaum steht.
Wenn sie die Liebe finden
getreu und ganz.

Wir wollen fröhlich singen
dem Eichbaum hier zum Preis.
So lasst die Gläser klingen
im Freundeskreis.
Freundschaft nie vergeht
wo der Eichbaum steht.
So lasst die Gläser klingen
im Freundeskreis.

Und unter Eichbaums Zweigen
ruh' ich zuletzt dann aus.
Wenn sich die Tage neigen
bin ich zu Haus.
Freundschaft nie vergeht
wo der Eichbaum steht.
Wenn sich die Tage neigen
bin ich zu Haus.

2. KAPITEL

Begleittexte
zu überraschenden
Geschenken

Eine Geld-Kassette ist stets willkommen.

In diesem Kästchen wohlverwahrt
ist Schein und Münze aufgespart.
Fast täglich siehst du hier hinein,
greifst nach der Münze und dem Schein.
Sieh' dass du möglichst nie vergisst,
dass Geld und Gut nicht alles ist.

Wenn wir jetzt schon über Geld reden.

Ich habe es noch nicht studiert
wer Geld als erster eingeführt.
Zur Römerzeit war es schon da.
Man nannte es Pekunia.
Geprägt in Silber oder Gold
hieß es im Kriege dann auch Sold.
Vorüber ging des Goldes Zier.
Dann war das Geld nur noch Papier.
Von >Lappen< sprach man despektierlich,
von >Flöhen<, >Mäusen< ungebührlich.
Der Niedergang war rigoros,
darum sind wir fast bargeldlos.

Doch diesem Brief liegt bei in bar
ein >Fünfziger< als Exemplar,
und als Geschenk, als seltenes bald,
aus einer Zeit, da Geld noch galt.

Eine Hochzeits-Kerze als Geschenk

An eurem schönen Hochzeitstag
hört hin, was ich euch sagen mag.
Symbolisch soll die Rede sein.
Ich lade euch jetzt zu mir ein.

Wenn ihr die Flamme brennen seht
erkennt ihr, wie es um euch steht.
Das helle Licht es will euch sagen:
In allen euren künftigen Tagen
sollt ihr die Flamme treu bewahren,
in guten und in schlechten Jahren
will euch das Licht der Liebe scheinen,
in Harmonie euch stets vereinen.

Als Hochzeitskerze geht mein Schein
ganz tief in euer Leben ein.
Da wird's auch schwere Tage geben,
wo eure Herzen qualvoll beben,
wo Dunkelheit das Licht bedrängt
und Sorge das Gemüt verengt.

An diesen trüben dunklen Tagen
will euch die Hochzeitskerze sagen:

Vertraut dem Licht! Lasst meinen Schein
in die verzagten Herzen ein.

Spürt, wie die Flamme Wärme spendet
und euch zu neuer Hoffnung wendet.
Denn Licht lässt alles Leben sprießen.
So könnt mit Freuden ihr genießen
was euch in Liebe hier vereint.

Wenn euch die Hochzeitskerze scheint,
dann sollt ihr immer daran denken
das Licht der Liebe euch zu schenken.

Wir riskieren es und schenken dem Paar eine Kuscheldecke

Schöner Liebe edlem Zwecke
schenken wir die Kuscheldecke.
Möge sie euch Wärme spenden
obenher bis zu den Lenden.

Doch beim allerhöchsten Glück
schlagt sie einfach weit zurück.
Denn beim vielgerühmten Akt
liegt man/frau am liebsten nackt.
Hinterher dann, Arm in Arm,
hält die Decke wieder warm.

Wer als Geschenk eine Nachtbekleidung
bekommt, braucht vielleicht eine Erklärung

Acht Stunden schafft der Mensch am Tag
im blauen Anton oder Kragen.
Acht weitere sind, wenn er mag,
für Kultus oder Wohlbehagen
ihm reserviert- in ihnen kleidet
er sich nach Zeitgeschmack und Geld,
auf dass sein Renommee nicht leidet,
wie's ihm und anderen gefällt. –
Nun wird es kritisch, denn die Nacht
mit ihren restlichen acht Stunden
wird meistens schlafend zugebracht;
an Kleidung ist man nicht gebunden.

Doch wer so denkt, ist ein Banause,
ein Ignorant, ein armer Wicht.
Es sollte uns vor jedem grausen
der so von Nachtbekleidung spricht.

Er kennt wohl nicht die Spitzenhöschen
in Rosarot und zartem Grün,
bestickt mit Ranken und mit Röschen;
man glaubt fast wirklich, dass sie blühn.

Und dann die Super-Minihemdchen,
als Schal zu lang, als Hemd zu klein.
Da fehlt doch immer nur ein Quäntchen,
um super-raffiniert zu sein.

Doch auch mit züchtig langen Sachen
aus allerbestem Material
kann man die heiße Glut entfachen.
Nur wer die Wahl hat, hat die Qual.

Die Qual der Wahl ist überwunden.
Die Kreation intimer Welt,
wir haben sie für dich gefunden
und hoffen, dass sie dir gefällt.

Das große Glück im engsten Kreise
sollst du erfahren jeden Tag.
Wir sagen dir auf diese Weise,
dass dich ein jeder von uns mag.

Ansichten eines Dusch-Tuches

Nach der Dusche warmem Regen
darfst du fest mich an dich legen.
Weich will ich mich an dich schmiegen,
dir an Herz und Busen liegen.
Doch gar bald nach diesem Glück
kehrt Alltägliches zurück.
Wer zu keck nach vorne drängt,
ganz zum Schluss am Haken hängt.

**Über einen Rosenstock
freut sich ein Brautpaar ganz besonders**

Pflanzet mich in euren Garten.
Eine Zeit lang müsst ihr warten
bis ich Grund und Boden fasse
und die Rosen wachsen lasse.

Dann jedoch, wenn sie erblühen,
werden eure Wangen glühen.

Ihr könnt meinen Duft genießen.
Liebe wird im Herzen sprießen.
Zweisamkeit wird sich entfalten.
Ihr sollt mich in Händen halten.

Glück soll euch und mich berühren,
wachsend durch die Zeiten führen.
Tag für Tag – und nächtens auch
grüßt euch: Euer Rosenstrauch.

Ein Weihnachts-Wunsch
aus alter Zeit

Wenn Weihnachten sich wieder jährt,
man(n) Wunschgezetteltes erfährt.
Von >ihr< hieß es für dieses Mal:
>Ich wünsch' mir ein LP-Regal
damit ich Ordnung halten kann,
wie's gerne sieht zuhaus der Mann.

Selbiger macht sich auf die Reise,
fragt an im Fachgeschäft ganz leise,
ob solches noch zu haben sei.
Als Antwort hört er >Heidenei,
wo lääbe Sie? Dees gibt's net me.
Wir habe hier nur noch CD<.

Der Mann geht still enttäuscht von hinnen.
Die ersten Zweifel bohren innen,
ob sich zum nahen Weihnachtsfest
der Frauen-Wunsch erfüllen lässt.
Im zweiten Laden, ach oh Graus,
sieht's dann auch nicht viel besser aus.
LP's, das lässt sich nicht verhehlen
sind out, und auch Regale fehlen.

Als dieses unser Mann vernommen,
da ist ihm gleich die Wut gekommen:
>Das ist doch schließlich allerhand<
ruft er, und fährt nun flugs auf's Land.

In Nagold und in Haiterbach
fragt er nach LP-Ständern nach.
Im ganzen Altensteiger Land:
>LP-Regale – unbekannt!<

Zuletzt fährt er zur Bischofsstadt.
Ob man vielleicht dort welche hat.
>Ach, sind Sie lieb!< tönt Frauenmund.
>Sonst sind Sie aber noch gesund?!<

Fachfrauenrat ist schnell zur Hand:
>Nageln's die Platten an die Wand!<
Da ist man doch als Mann enttäuscht,
weil nun der Weihnachtswunsch entfleucht.

Zurück in Stuttgart sieht er dann
im Leiprecht-Haus ganz nebenan
Schreibwaren stehen in Regalen.
Ist das die Lösung seiner Qualen?

Der Mann ruft laut sein >Heureka!<
Jetzt ist die Wunscherfüllung nah.
Verkaufsgespräch, ein Abschluss-Test,
und schon steht es zum Feste fest:
Die Büro-Box ist ungeniert
zum LP-Ständer avanciert.

So weit die LP-Box-Legende.
Der Mann ist >happy<. Amen. Ende.

Etwas ungewöhnlich, aber schmackhaft: Zum Wiegenfest eine Pute

Bis weit ins Land der Ruf erschallt:
>Inge wird 50 Jahre alt!<
Ein großes Fest ist angesagt.
Da geht man hin ganz ungefragt.
Man gratuliert, wünscht nur das Beste
zu diesem runden Wiegenfeste.

Dann wird die Gabe überreicht,
ganz umfänglich und auch nicht leicht.
Ne Überraschung soll es sein.
Drum packt man sie auch festlich ein
und spricht den Spruch, den viele sagen:
>Die Liebe, die geht durch den Magen<.

Damit ist es nun bald entdeckt,
was hinter der Verpackung steckt.

Wir wollen es auch gern verraten.
Es ist was Köstliches zum Braten.
>Oha< ruft Inge laut, die Gute.
>Zum Fünfzigsten krieg' ich ne Pute<.

Von >Runden Tischen< ist oft die Rede.

Es gibt sie wirklich.
Man kann sie auch schenken.
Gefertigt von einem Freund
mit persönlicher Deutung.

Ich spreche heut' in eigner Sache,
denn alle sehen, was ich mache:
Ich bringe mein Geschenk heran,
symbolisch passend für den Mann.

Es ist ein Tisch aus festem Holz,
so wie der Mann, stabil und stolz,
aus einem Eichenbaum geschnitten
mit einem Zeichen in der Mitten.

Man sieht geheimnisvolle Dinge.
Es sind des Baumes Jahresringe,
die sich von äußerlichen Rinden
in einem Kern zusammen finden.

Des Baumes und des Menschen Kern
die halten sich der Deutung fern.
Was sich entfaltet und zerbricht
bleibt rätselhaft dem Augenlicht.
Namen und Daten schmelzen hin,
erhalten einen neuen Sinn.

So manches, was sich brüchig zeigt,
wie Phönix aus der Asche steigt.

Doch jeder von uns Gästen weiß:
Symbolisch deutbar bleibt der Kreis.

Der runde Tisch lädt alle ein
zu freundlichem Beisammensein.

So wünschen wir viel Glück und Segen
auf allen weiteren Lebenswegen.
Ein jeder, und besonders ich
mit diesem deutungsschweren Tisch.

Nekrolog auf einen alten Whisky

Vor wenig' Wochen trafen sich
die Freunde hier am Gartentisch.
Man sprach so über dies und das,
auch über Wein, und Bier vom Fass,
bis schließlich in der letzten Stunde
ein alter Whisky macht die Runde.

Zum Schluss blieb noch ein kleiner Rest,
und man versprach sich felsenfest
auch diesem bald in Freundeskreisen
die letzte Ehre zu erweisen.

>Pardon< sag' ich hier schuldbeladen.
Der kleine Rest ging leider baden.
Er ist nicht mehr auf dieser Welt.
Das sei in Trauer festgestellt.

Doch neue Hoffnung soll uns winken
Wenn wir die nächste Flasche trinken.
Zu hoffen ist: Sie spendet Trost.
Darauf ein freundschaftliches >Prost!<

> *Nachtrag: Den Rest der ersten*
> *Flasche hatte jemand heimlich*
> *ausgetrunken. Deshalb galt die*
> *zweite Flasche nur als Trost.*

Begleittext zu einer Tischdecke

Für deinen Tisch zur Kaffeezeit
Leg' ich mich künftig gern bereit.
Aus Türkenland bin ich gekommen.
Dort habe ich es schon vernommen,
dass Lisa hier zum Namenstag
mich für die runde Tafel mag.

So breite ich mich also aus
in Lisa's gastlich schönem Haus
und hoffe, dass ich renommiere,
und Tisch und Wohnung festlich ziere.

Zum Schluss noch einmal das Thema >Geld<

Als Erinnerung an die Umstellung
der Währung im Jahre 2002

Pfennig, Groschen, Deutsche Mark
sind seit 50 Jahren stark.
Doch mit >zwanzighundertzwei<
ist die D-Mark-Zeit vorbei.

Alte Zeiten, neue Zeit.
Was uns bleibt ist Dankbarkeit.
Denn wer unsere Mark nicht ehrt,
ist auch nicht des EURO wert.

3. KAPITEL

Hier
und dort und
anderswo

Druckhaus >Lauk< für den Thieme-Verlag
(zu Bleisatzzeiten)

Hört Leute, staunt und seht und gafft,
wie man im Lauk'schen Druckhaus schafft.
Dort wird gesetzt, gedruckt, gebunden.
Es geht nicht zu wie bei den Hunden,
die erst mal drucken, dann erst setzen.
Bei uns sieht man die Setzer wetzen,
wenn das Büro die Botschaft gibt:
Von Thieme kommt ein Manuskript.
Die Setzmaschinen laufen heiß,
und auch im Handsatz sieht man Schweiß
von Setzerstirnen runtertropfen,
die schnell den Satz zusammenklopfen.
Im Drucksaal ist man stets bereit
zu leisten deutsche Wertarbeit.
Selbst Röntgenbilder nach Bedarf
druckt man hier wie gestochen scharf.
Der Tag ist längst noch nicht vergangen,
da wird das Buch schon eingehangen,
denn auch in unserer Binderei
ist Schnelligkeit nicht Hexerei.
Eh' sich >die Thieme's< umgesehen
die Bücher schon im Lager stehen.

Darum, so will ich heut' euch raten:
ihr braucht nicht die Computer-Daten.
Laßt doch den Ärger und Klamauk!
Schickt doch den Auftrag gleich zu >Lauk<!

Das schadhafte >Z< aus der Setzmaschine der Laukschen Offizin beschäftigt die Wissenschaft

Im Mitteilungsblatt der Thorakologen,
auch >Pneumo< genannt in der Lauk-Offizin,
erschien eines Tages im vorletzten Bogen
ein schadhaftes >Z< in dem Wort Medizin.

Es war nun gewiss nicht des Setzers Wille,
doch blieb es nicht bei dem einzelnen >Z<.
Der Buchstabe aus Petit-Baskerville
lief im Magazin – und das war nicht nett.

Er lief manchen Tag und in vielen Spalten,
von uns unbemerkt – welche Satzteufelei!
So musste sich der Professor einschalten:
>Das >Z< gebe ich zum Druck nicht mehr frei!<

Ein Suchen begann nun in den Kanälen.
Mit hochrotem Kopf kommt der Chef angerannt.
Noch lange wird man davon erzählen,
wie man dieses >Z< aus dem Satz hat verbannt.
Das teuflische >Z< lädiert und geschunden,
das uns hier im Satz so die Stunden vergällt,
wir schenken es dem der's zuerst hat gefunden,
und hoffen, dass er es in Köln auch behält.

PS: Prof. Reiner W. Müller hat sich für dieses besondere
Geburtstags-Geschenk herzlich bedankt.

Miteinander reden – sollte man

Es herrschet, einem König gleich,
der Ingenieur im Sachbereich.
Und für die Seele als Berater
gilt aller Ort der Psychiater,
äußerstenfalls wird noch erwogen
das Fachurteil des Psychologen.
Was rechtens ist, de jure stimmig,
entscheiden die Juristen grimmig
als Letztinstanz, sonder Kritik
des Vorentscheids der Politik.
Selbst Liebesdinge, wann und ob,
entscheidet uns die Kirche grob.

Jeder spricht fachgerechten Ton.
Was fehlt ist: Kommunikation.

Einer der es wissen sollte

Ein Psychologe, glücklich ganz,
sieht sich als Seelen-Letztinstanz.
Manchem Geheimnis der Natur
wähnt er sich nahe auf der Spur.
Denn viele Regelmäßigkeiten
des Menschen sind nicht zu bestreiten.

Durch Studium der Seelenschichten
hofft er manch' Dunkles noch zu lichten.
Er denkt: Bald wird mir alles klar,
was noch bislang verborgen war.

Die Zeit vergeht. Er bleibt verwirrt,
stellt fest, dass er sich weiter irrt,
wehrt sich der Selbsterkenntnis matt,
dass er kaum eine Ahnung hat.

Tröstlich bleibt schließlich eines nur:
Er wähnt sich weiter auf der Spur.

Nach einem C.G.-Jung-Seminar

Aus einem Brunnen brach ich auf,
als ich die goldene Kugel fühlte,
ich spürte, dass des Lebens Lauf
mich zum Persona-Rande führte.
Nun will ich es nicht mehr beachten,
wenn Konvention >verboten< schreit.
Ich bin als Chance zu betrachten
in dumpfer Seelen-Dunkelheit.
Durchbrich mit mir die engen Wände!
Heb' mich empor zum Brunnenrand!
Ob Frosch, ob Prinz - bin ich am Ende
dem Selbst als Animus bekannt.

Zwei Seelen – ach...?

Bei Goethe wohnten selbstbewusst
zwei Seelen, ach, in seiner Brust.
Penfield hält heute streng dagegen
und weiß per Sonde zu belegen:
Zwölf Milliarden Zellen Hirn
arbeiten hinter jeder Stirn
und konservieren ungeniert
was das Bewusstsein registriert.

Der Eltern Tun, Verhalten, Sagen
wird ab den ersten Kindertagen
voll mit Geboten angereichert
als >Eltern-Ich< im Hirn gespeichert.

Soweit der äußere Verdruss.
Was innerlich passieren muss:
Nach so viel Ach und Krach und Weh
erkennt man, ich bin nicht o.k.
und subsummiert dann unterm Strich
im Hirngefühl das >Kindheits-Ich<.

Ein drittes Ich, hier sehr pikant
nach den Erwachsenen benannt
fragt unterscheidend, was wohl gilt,
das Eltern- oder Kindheitsbild.

Drei Ichs mit Konkurrenzgebaren
im Zellen-Hirn Hifi-Verfahren

machen Gespeichertes bekannt
als jeweiligen Ich-Zustand.

Der Kluge weiß nun, wenn er wählt:
Goethe hat sich um ein's verzählt.

Bildungshunger

Ich selbst bin allzu lernbeflissen.
So wollte ich es einmal wissen
woher so manchem Zeitgenossen
die tiefe Bildung zugeflossen.

Ich sprach mit diesem, sprach mit jenem
und konnte so getrost vernehmen:
Die Lücken schließt seit langem schon
bei uns die Fernseh-Diskussion.

Wenn große Geister sich entzünden
lässt sich die Wahrheit leichter finden.
Gehorsam arglos, wie schon immer,
sah ich geduldig in's Geflimmer.

Professor X, ein Mann von Wahrheit,
sprach laut, mal mit mal ohne Klarheit,
dass nur dem rationalen Denken
die Ernsthaften noch Glauben schenken.

Herr Ypsilon dagegen meinte,
was immer schon die Menschheit einte
sei frommer Glaube, Tugendstreben,
nur so ließ sich zusammen leben.

Dagegen sind wir Philologen,
rief Doktor Z und schlug den Bogen
hin zu den Griechen, zu den alten,
die immer schon als Vorbild galten. –

So sagte jeder von den Dreien,
dass jeweils zwei im Unrecht seien.

Besuch des Freundes

Herr Jota hat Urlaub, er träumt schon seit Jahren
mit all seinen Lieben nach Süden zu fahren.
Doch Verse zu schmieden bringt nicht so viel ein.
So bleibt er im Urlaub auch diesmal daheim.

Sein Freund, ein Studierter, auch ohne viel Money,
meint, manchmal scheint auch wohl bei Jota
die Sonne.
Er packt seine Sachen, fährt ohne zu zaudern.
zu Jota, um mit ihm im Urlaub zu plaudern.

Und dieser ist glücklich ihn wiederzusehen,
gewiegt in der Hoffnung, sich gut zu verstehen.
Doch Jota gerät in arge Bedrängnis,
der erste Spaziergang wird schon zum Verhängnis.

Auf moosigem Waldweg bei Käfern und Fliegen
sieht nämlich der Freund jetzt ein Birkenblatt liegen.
Er hebt es zum Lichte, betrachtet's gemessen,
das Blatt ist vom Birkenblattschneider zerfressen.

>Nein, so eine Kurve!< ruft da der Studierte.
>Wie lang wohl der Käfer den Sinus probierte.
Die Geometrie und die Winkelfunktionen!
Hier würde sich gründliches Studium lohnen<.

Herrn Jotas Verständnis ist längst schon vergangen.
Geht das nun so weiter, bedenkt er mit Bangen?
Euklid und Pythagoras, Tanges und Thales,
das war doch schon immer für ihn nichts normales.

Doch einmal in Fluss, lässt der Freund sich nicht
halten.
Was ist da Natur gegen Geistesgewalten.
Er rechnet, probiert, und er ist ganz benommen.
Zuletzt ist er vollends vom Thema gekommen.

Der Rest war dann Schweigen, nachdem sie gestritten.
Oh, hätte der Käfer doch niemals geschnitten.

Für eine liebe Kollegin beim Abschied von ihrem Arbeitsplatz

Da geht sie fort nach soviel Jahren,
die treue Seele hier im Haus.
Weil wir so lang beisammen waren,
treibt es uns fast die Tränen raus.

Die Arbeit hat uns stets verbunden.
Hier trafen wir uns lange Zeit
bei Stress und auch in Mußestunden,
nicht selten auch bei mancher Freud.

Nun, da du gehst, sollst du es wissen:
Wir denken gern an Dich zurück.
Wir werden dich wohl sehr vermissen.
Mach's gut, ade, und auch viel Glück!

Nach der Führerschein-Prüfung in froher Runde am 6. Juli 1970

Versammelt sind die Aspiranten
zu stürzen sich in den Verkehr.
Seit heute wissen's die Verwandten:
Zu Fuß geht keiner von uns mehr.

Wir sind jetzt Menschen erster Klasse
im Gaspedalen-Drückverein.

Ein homo sapiens von Rasse.
Mit einem Wort >mit Führerschein<.

Wir können alle Schilder lesen,
ob blau, ob rot, ob spitz, ob rund.
Wir sind schon beinah' Überwesen.
Uns wird es einfach nicht zu bunt.

Ob unbeschrankt mit Blinkanlage.
Ob Einbahnstraße, Kreisverkehr.
Für uns ist das doch keine Frage.
Wir schaffen alles und noch mehr.

Vereiste Fahrbahn mit Gefälle,
selbst Seitenwind am Waldesrand,
dazu ein Schild >Gefahrenstelle<,
wir halten jeder Prüfung stand.

Doch wem verdanken wir das Wissen
in diesem Straßenlabyrinth?
Wir werden es bekennen müssen,
vor allem, weil wir ehrlich sind.
Als Fahrlehrer von hohem Können
ist Gerhard Wollschläger bekannt,
ihm wollen wir die Ehre gönnen
und überdies dazu galant
der Gertrud, seiner Weggefährtin,
die uns mit gutem Rat bedachte.
Es danken alle, die hier sind,
auch Micha, der die Reime machte.

**Nach dem Halbjahreskurs auf dem Domberg
in Freising als Widmung der Gruppe**
(Januar bis Juli 1972)

Das halbe Jahr ist nun vergangen.
Die Zeit verrann wie alle Zeit.
Und mancher denkt nun schon mit Bangen,
was ihm die Zukunft hält bereit.

Wir kamen her, um zu studieren
wie diese Welt zu bessern ist.
Wir möchten Menschen dahin führen,
wo man das Mensch-Sein nicht vergisst.

Wir wollen immer daran denken
vor jeder neuen guten Tat:
Dem Nächsten kann man nur das schenken
was man im eigenen Herzen hat.

Laudatio auf den Leiter
des Sozialinstituts Freising

Ihr Sozi-Schüler, habet jetzt acht.
Die Zeilen sind unserem Mentor gedacht.
Dem Old-man und Lehrer mit Sachverstand,
kurz Monsignore Berchthold genannt.

Betrachtet man seine Erscheinung nur,
gemeint ist sein Haupt und die ganze Figur,
nach Kretschmar'scher Lehre, bewusst gewählt,
wird er zu den Zerebralen gezählt.

Nur ist dabei große Vorsicht geboten.
so einfach ist er gar nicht auszuloten.
Denn er hat, das sei hier vorweggenommen,
auch was vom Choleriker mitbekommen.

Das kam ihm zugute seit eh und je
als mutiger Streiter der KAB.
Nur so konnte er mit Erfolg es auch wagen,
den Kapitalisten den Kampf anzusagen.

Er hat die Modelle sich ausgedacht,
und zeigt damit jedem, wie man es macht:
Nur laboristische Ordnung ist gut.
Was sagte Nell-Breuning: >Der Mann hat Mut!<

Er ist progressiv und hat harte Logik
und ist auch ein Meister in der Rhetorik.
In manchem Gedanken und Axiom
ist er viel weiter, als >die in Rom<.

An praktischen Beispielen konnten wir sehen,
wie Daten in der Geschichte entstehen.
Und dabei fiel es uns allen ein,
wie wichtig es sein kann, dabei zu sein.

Zum Schluss sei gesagt,
nach den Unterrichtsstunden:
wir alle haben IHN prima gefunden.
Vielleicht sagt auch ER:
>Ihr ward schon recht fleißig!<
Es grüßen: Die dankbaren 35.

Halbjahreskurs-Impressionen
Drei Freunde betrachten das Kurs-Geschehen
aus der Sauna-Perspektive

An jedem Mittwoch um halb acht
wurde die Sauna heiß gemacht.
Es rüsteten sich dann zum Schwitzen,
ganz vollgestopft mit schrägen Witzen
der Gutmann-Albert-Kavalier,
das Micha-Fuhrmann-Ungetier
und Norbert Starost, sehr adrett:
Das Kleeblatt ist damit komplett.

Ziel dieser Wochen-Schwitzerei,
so dachten wir uns alle drei
ganz überlegt und sehr gescheit
ist die Klausuren-Nacharbeit.

Was man in KUWI hat gehört,
was einen in der PSYCHO stört,
was manchen in SOKU gekratzt,
was man als Antwort hat verpatzt,

kurz, alle Sozi-Kurs-Gebrechen
die wollten wir mal hier besprechen.

Das Motto gab dazu Starost:
>Wirf von dir, was dich hem(m)d und host!<

Den Marx, den kannten wir ja schon,
doch nicht die Expropriation
von allen Expropriateuren.
Der Gutmann-Albert wollte schwören,
dass Marx und Rex die gleichen meinen.
Zu deutsch: Kapitalistenschweine.

In PSYCHO wurde es uns klar;
Die Ehe, die ist wunderbar.
Hier hat der Rex sich viel gedacht,
quasi sein Meisterstück gemacht.

Zunächst einmal hat er gerügt,
dass die Erotik nicht genügt.
Sie dient dazu, sagt er bestimmt,
dass man sich erst mal eine nimmt.

Doch dann ist Vorsicht schon geboten.
Zu viel Gefühl ist streng verboten.
Mit Händchen-halten fängt es an.
Dann kommt das Haare-streicheln dran.
Man nennt sich Schatz und Mausekind,
man ist verliebt und deshalb blind.
Man glaubt, sich herrlich zu verstehen
und kann nicht mehr die Fehler sehen:

Ob krumme Beine, Säufernase,
man steigert sich in eine Phase
in der nur die Verliebtheit siegt,
bis man dann aus der Kurve fliegt.

Wir Sauna-Drei beraten lange.
Dem Albert wird es heiß und bange,
was ihm noch alles blühen kann.
Man fragt sich: Wer ist besser dran?
Denn ich, ich hab' drei Buben schon,
und auch der Norbert einen Sohn.

Wir haben alles schon verpatzt
und auch die Kurve schon gekratzt.
Wir sind in langen Ehejahren
in diesen Dingen schon erfahren.

Das Fazit finden wir zu zweit:
Die PSYCHO fordert Nacharbeit.

Doch auch zu vielen anderen Themen
muss man sich Zeit zum Denken geben.
Dazu mein' ich ganz frech und lose:
Am liebsten denk' ich ohne Hose.

Die Zeit ist viel zu kurz gewesen,
sonst könnte man noch viel mehr lesen.
Norbert und Albert stimmen ein:
Mehr kann für heute nicht mehr sein.

KUWI = Kulturwissenschaft

PSYCHO = Psychologie

SOKU = Sozialkunde

Kreuzfahrt auf der MS Sobolew
(unser Redebeitrag beim Abschieds-Fest
am 22. Juli 2001)

Von Deutschlands Süden reisten wir
ins Russenreich, jetzt sind wir hier.
Was wir erlebt auf dieser Reise
berichten wir auf unsere Weise.

In Petersburg fing alles an
mit Brot und Salz am Riesenkahn.
Die >Sobolew< nahm alle auf,
bis dann begann der Reise Lauf.

In >weißer Nacht< auf Wasserstraßen
war's interessant in hohen Maßen.
Und auch bei Tag war allen klar:
Sankt Petersburg ist wunderbar.

95

Nach Mandrogij ging unsere Fahrt.
Dort startete dann ganz apart
ne Schaschlik-Party mit Gesang.
Da wurde uns die Zeit nicht lang.

Lagoda- und Onega-See.
Das Schiff schwamm glatt wie eh und je
nach Kishi, einem Dorf aus Holz.
Darauf ist man zu Recht sehr stolz.

Und weiter ging's nach Goritzy.
Die Luft war heiß, und das wie nicht wie!
Was man da sah in Klostermauern
ließ manchen ehrfurchtsvoll erschauern.

Ikonen, Fresken, Goldgeschmeide
und Paramente ganz aus Seide
gestickt, gewirkt in früheren Tagen.
Vor Staunen kann man nichts mehr sagen.

Uglitsch ist unser nächstes Ziel.
Darüber könnt' man sagen viel.
Denn ziemlich schrecklich war der Zar
Ivan, vor vielen hundert Jahr'-

Das führt dann hin zum Schluss der Reise
nach Moskau, was bekannterweise
als Landeshauptstadt mit Bedacht
den Höhepunkt der Reise macht.

Toll war's, das muss man anerkennen.
Und darum wollen wir sie nennen
die uns die Reise präsentiert
und alles gut organisiert:

Den Käpten Vladimir vornan.
Gefolgt von Susann Zimmermann.
Galina stets für Info steht.
>Spassiba< um Tatjana weht.

Die Lena hat uns gut trainiert.
Alex und Anton zum Tanz verführt.
Vladimir Tulsky sang Tenor,
das kam uns allen klassisch vor.

Dimitri, unser Pianist,
zeigt uns, was ein Meister ist.
Und Alexej mit Händeschwingen
ließ die Balalaika klingen.

Diesen allen, und der Crew
rufen wir >Spassiba< zu.

Es war toll, mit euch zu reisen.
Dankbar wollen wir das preisen.
Und zu unserem Dankeschön
sagen wir >Auf Wiedersehen!<

**Eintrag ins Gästebuch des Hotels
>Iz Flower Side Beach< in der Türkei**

Leider ist Urlaub nicht von Dauer.
Die Zeit vergeht wie sonst im Jahr.
Wir waren glücklich im >Iz Flower<.
Es war hier wirklich wunderbar.

Wir danken allen Service-Leuten
für Speis und Trank und Freundlichkeit,
und wagen es auch anzudeuten:
Auf Wiedersehn in nächster Zeit!

4. KAPITEL

Besinnliches
in Reime gebracht

Wenn die Hoffnung schwindet

Tage – die nicht beginnen
und ohne Abend im Morgen verschwinden.

Jahre – in denen der Schmerz ohne Biss und
Schrei den Ablauf bestimmt.

Leben – wo Pflicht und Gewöhnung
den stürmenden Schritt mit Sand übergießen.

Wo ist ein Anfang, ohne dass Zeit ihn erfasst?

Ich warte. Vergeblich.
Die Zeit ist schon lange den andern.

Auch ihnen wird sie wie mir
den Glanz aus den Augen wischen.
Raffgierig wird sie die Tage sammeln
und leise den Staub von den Flügeln streichen
bis sie dann auch nicht mehr fliegen.

Wenn alles vergeht

Ich habe den Sprung ins Leben gewagt
und will es mit Händen halten.
Ich weiß nicht und werde auch nicht gefragt,
wie oft es noch Nacht wird, wie oft es tagt
bis meine Hände erkalten.

Ich habe die Zeiten noch nicht gesehn,
die unsere Uhren zerteilen.
Ich spüre, wie alle Stunden vergehn
und möchte begreifen und kann nicht verstehn,
dass ich nirgendwo kann verweilen.

Ich habe viele Menschen belauscht,
die über und unter mir treiben.
Ich habe mit manchen die Seele getauscht
und habe gelitten und war berauscht
und kann es doch nicht beschreiben.

Ich habe heute nur dich gesehn
und darüber beinahe vergessen,
dass die Uhren auch heute nicht stille stehn,
dass ihre Zeiger sich weiter drehn
und nur die Vergangenheit messen.

Vorbei

Tausend Tage rannen dahin
wie Sand durch die Hände.
Jeder schenkte den Morgen
hoffnungsvoll froh.
Jeder brachte die Plage des Mittags,
die Kühle am Abend.
Tränen in einsamer Nacht
waren nicht selten dabei.

Einen Tag von den Tausend
spannen mir heimlich die Parzen,
den ich dem Schicksal als Besten gäbe
am Ende der Zeit.
Heiß von pulsierendem Blut
jagte der Mittag den Abend.
Doch als die Nacht ihn umfing,
rann auch der Tag in den Sand.

Kein Tag wie der andere

Leben, das sind die vielen Tage
die man zusammenzählt
und Jahre daraus macht.
Doch nur der Augenblick gibt Antwort
auf die Frage,
was dir das Leben wirklich zugedacht.

Man lässt die Tage oft so einfach gehen,
und nimmt den nächsten Tag
so leicht als gleichen an,
ohne dabei im Grunde zu verstehen,
dass man den gleichen nie mehr leben kann.

Liebe

Knospe im Eis – ohne Hoffnung geboren.
Staunend sehen dich unsere Augen,
halten sich unsere Hände schützend und
frierend um dich – um uns.

Wirst du erfrieren?
Wirst du verbrennen – und wir mit dir?

Knospe im Eis – ohne Frage geboren.
Warum fragen wir?

Endgültig

Sie wird meinem Herzen nie enttrohnt,
auch ohne Erfüllungsschimmer.
Wir schauen beide den gleichen Mond,
doch unsere Augen uns nimmer.

Missverständnis

Zuerst war es nur ein missdeutetes Wort,
ein Satz, halbspöttisch im Übermut.
Dann trieben die Worte uns mit sich fort.
Wir spürten plötzlich, wie weh das tut.

Die Worte vermehrten sich ungesagt.
Es redeten nur noch Augen und Hände.
Dann wurde es still und ich hab' mich gefragt,
wie ich wohl jetzt wieder zu dir fände.

Die Stunden schlichen träge dahin,
als wateten sie durch treibenden Sand.
Dann spürte ich deine Hand am Kinn,
und aller Ärger und Kummer verschwand.

Was zwischen uns stand, ist alles vorbei.
Du weißt jetzt wieder, dass ich dich mag.
Ich kann nur noch einmal bitten: Verzeih'.
Wir haben uns wieder. Ein schöner Tag!

Silvester-Gruß

Jahresende –
dass ich deine Hände
zum Gruß heute fände
wünsche ich mir.

Wartestunden –
zu Jahren gebunden
jetzt doppelt empfunden
ferne von dir.

Wiedersehen –
und dann wieder gehen
die Zeit bleibt nicht stehen
bei dir und bei mir.

Was ist der Mensch?

Ein scheinbar göttlich' Wesen,
dem alle Macht der Erde untertan.
Von allen Kreaturen auserlesen
führt er den Reigen der Geschöpfe an.

Was ist der Mensch?
Ein Bündel Angst und Sorgen,
vom Tod bedroht, von einer Ewigkeit;
flieht in die Zukunft, fürchtet sich vor Morgen,
begreift es nicht, das kleine Wörtchen >Zeit<.

Was ist der Mensch?
Ein Mann, ein Weib, und Liebe,
die sie bereit macht für das höchste Glück.
Man kämpft, man fordert, dass sie bliebe,
und hat doch immer nur ein kleines Stück.

Was ist der Mensch?
Die Summe aller Schmerzen
und aller Freuden, die das Leben bringt.
Ein unerfülltes Sehnen tief im Herzen.
Wie eine Melodie, die niemand singt.

Mensch werden

Wir fanden uns vor – ohne Wollen
irgendwann, nachdem wir fühlen und
denken lernten.
Und dann wurden wir Mensch.
Nicht von heute auf bald.
Lernend wurden wir alt
zunächst im Umgang mit uns selbst,
dann mit den anderen.

Glücklich wollten wir sein.
Glück – als Ziel ein verwehender Hauch.
Doch wenn wir einander ertragen
streift Glück uns auch
als Gabe für mutiges Wagen
immer wieder ein ehrliches Wort zu sagen.

Am Krankenbett der Mutter

Da liegt sie,
die liebend gesorgt in ihrem rastlosen Leben.
Krank geworden
im ständigen Opfer irdischen Seins.

Jeden von uns
hieß sie achtsam die Füßchen heben.
Wir stolperten oft,
doch liegen geblieben ist kein's.

Sie lebt noch,
unser ach so unverdientes Glück.
Wir beten zu Gott:
Schenke auf's neue sie uns zurück.

In memoriam Vinzenz Ott

Nicht in kalter Erde schläfst du der Zeit
entgegen.
Nur meinen Augen bist du entzogen.
Weit von mir bist du niemals gewesen.

Es sind deine Hände
die mit mir die Tasten berühren.
Es sind deine Worte,
die in mir klingen
und denen ich lausche.

Wo auch solltest du sein
als dort, wo du immer gewesen?
Wo ist dein Himmel
als in den Klängen deiner Musik?

Ewigkeit – grundloses Wort.
Freund – nie gingst du fort.

palästina-kind

zu bethlehem geboren
unbekannt
nicht mit jesus verwandt
doch auch bedroht
vom raketentod

keine krippe
in dieser sippe

im eigenen land
verbannt
und verloren
zu bethlehem geboren

Mein Freund an der Bahre seines Vaters

Bei so viel Liebe brach ein Schaudern
mir ins Hirn.
Ich sah ein Antlitz leuchten, das im Glauben
betrachtet seines Vaters kalte Stirn.

Kein Hadern mit dem Schicksal,
das vor Wochen ihm den Bruder schon geraubt.
Sein helles Auge leuchtet ungebrochen
zum Himmel auf – er glaubt.

Gethsemani

Schlafend ist ihr Schrei nicht mehr
zu hören,
wie sie jammern, hingestampft, zerschunden.
Kinderaugen unter toten Müttern.
Heißes Blut klebt ungeliebt am dürren Holz.

Schlafend wälzen sich Millionen Leiber
über Mörder – ihre Tat verdeckend.
Küsse gibt es immer noch für den Verrat.

Lässt sich schlafend alle Qual vergessen?
Lässt sich wachend schuldlos weiterleben?

Einer wacht.
Er blutet vor Verzweiflung
ohne Schuld
und liebt
und stirbt.

Osterhoffnung

Die Erde wird an jedem neuen Tag zerschlagen
von ungezählten Bomben und Granaten.
Gequälte Eltern, Waisen klagen.
Die Menschenrechte werden überall verraten.

Trifft es mich noch, wenn viele Kilometer weit
ein Volk verzweifelt stöhnt,
ein Kind verhungert, oder tausend?
Kann es denn sein, ich habe mich daran
gewöhnt?

Ich möchte meine Finger in die Erde graben,
wo Wärme noch so vieles blühen lässt.
Ich möchte wieder eine kleine Hoffnung haben,
und tapfer glauben an ein neues Osterfest.

Mehrwert

Mehr als vernünftige Eltern zu haben,
mehr als ein Heim in den Kindertagen,
mehr als Gesundheit, Verstand obendrein,
ist das Ereignis geboren zu sein.

Was ist schon Schönheit, Erfolg oder Geld,
Einfluss und Ehre und Macht in der Welt?
All das bleibt Schatten, Kontur oder Schein,
gegen die Chance geboren zu sein.

Selbst wenn trotz Liebe, Vertrauen, Geduld,
vieles misslingt zur persönlichen Schuld.
Nichts kann zerstören des Lebens Keim:
Wissen und fühlen, geboren zu sein.

Meinen Eltern

Sie griffen absichtslos und ohne es
auch nur zu ahnen,
mit Schöpferkraft hinein ins Ungeschehn.
Unter den Millionen unbekannter Samen
trafen sie ausgerechnet mich.
Ein Zufall, ein Versehn?

Darüber könnte man nun trefflich streiten,
ob ungeplant, gewollt oder geliebt.
Ich sage meinen Eltern Dank für alle Zeiten,
und freue mich daran, dass es mich gibt.

Schlusswort und Dank

Mein Spiel mit Worten muss auf dieser Buchseite ein Ende finden. Viele Jahre lang war es mir eine Freude, der Wirkung des Reimes auf die Spur zu kommen. Es hat schon etwas Geheimnisvolles: Gleicher Wortklang bei unterschiedlicher Bedeutung. Oder war es doch nur eine Form von Ordnungssinn, die Dinge passend zu machen? Was es auch immer gewesen sein mag – es hat das Miteinander unter Freunden gefördert und gestärkt.

Das Reime-machen hat mich mit ungezählten Menschen zusammen geführt. Darüber sind wir alt geworden und so mancher Reim-Geehrte hat sich auch schon verabschiedet. Ihnen allen gilt mein dankbares Gedenken.

Einen besonderen Dank sage ich meiner lieben Lebenspartnerin Elisabeth Baur. Sie hat die technischen Voraussetzungen geschaffen, dass dieses Buch in meinem 90. Lebensjahr gedruckt werden konnte.

INHALTSVERZEICHNIS

4. Kapitel

Weitere Bücher von Michael Fuhrmann:

Michael H. Fuhrmann

Hindernislauf

Geschichten aus einem Männerleben

Das Buch **>Hindernislauf<** führt weit zurück ins vergangene Jahrhundert und erzählt Kindheitsgeschichten aus Kriegs- und Nachkriegszeit, die heute kaum noch für möglich gehalten werden. Auch der Weg vom Lehrling zum Meister würde in unserer Zeit so niemand mehr gehen wollen.

Die Nähe zur katholischen Kirche bringt den Autor beruflich in seelsorgerliche Verantwortung. Dass er dabei auch sein eigenes Mannsein unter die Lupe nehmen konnte, bleibt ein erstaunlicher Vorgang.
ISBN 9783842327757

Das Buch bewegt sich auf der Glaubensspur des Autors, der von seinen persönlichen Erfahrungen mit Gott, Glaube und Kirche erzählt. Dabei geht es kreuz und quer durch traditionelles katholisches Milieu, aber auch durch abschüssiges Gelände. Manches mag dazu anregen, eine kleine

Strecke mitzugehen und eigene Erfahrungen zu machen. Überraschende Begegnungen unterwegs sind keinesfalls ausgeschlossen.
ISBN 9783848226979

Das Buch **>Männer intim<** berichtet von neun Männern, die sich Ende der 80iger Jahre des vergangenen Jahrhunderts zu einer Gruppe zusammen fanden. Es war die Zeit durchgreifender Frauenemanzipation, die vielen Männern zu schaffen machte. Neuorientierung war deshalb auch bei Männern angesagt, obwohl man nicht so recht wusste, wohin die Reise gehen sollte. Aus dieser Verunsicherung heraus hat die hier beschriebene Männergruppe ihren Weg gesucht.

ISBN 9783844800265

Die **>Grußworte aus Schöntal<** wollen alle erreichen, die offen sind für die geheimnisvollen Botschaften des Alltags. Sie möchten Menschen ansprechen, die nach dem suchen, was sich hinter den Dingen verborgen hält. Sie berichten von Wahrnehmungen und Ereignissen, die

uns im Leben immer wieder begegnen. Dabei berühren sie das Zeitgeschehen in Kirche und Gesellschaft mit der Frage, ob das Wirken Gottes in der Welt tatsächlich zu erfahren ist.

ISBN 9783752809893